Analyse de l'œuvre

Par Audrey Millot et Alice Rasson

Le Soleil des Scorta

de Laurent Gaudé

lePetitLittéraire.fr

Rendez-vous sur lepetitlitteraire.fr et découvrez :

Plus de 1200 analyses
Claires et synthétiques
Téléchargeables en 30 secondes
À imprimer chez soi

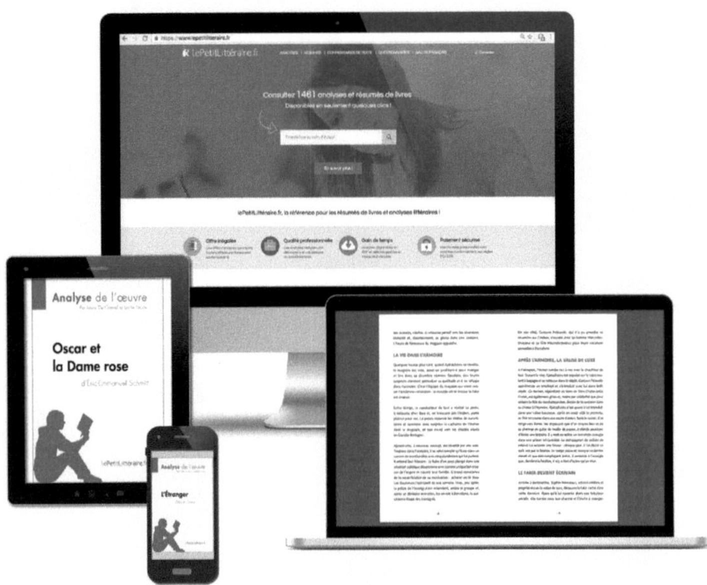

LAURENT GAUDÉ

DRAMATURGE, ROMANCIER ET NOUVELLISTE FRANÇAIS

- **Né en 1972 à Paris**
- **Quelques-unes de ses œuvres :**
  - *La Mort du roi Tsongor* (2002), roman
  - *Le Soleil des Scorta* (2004), roman
  - *Eldorado* (2006), roman

Laurent Gaudé est un écrivain et dramaturge français né à Paris en 1972. Auteur à succès, ses romans lui ont déjà rapporté plusieurs prix littéraires, dont le Goncourt en 2004 pour *Le Soleil des Scorta*. Principalement connu pour ses romans, c'est pourtant à la scène que cet ancien élève de lettres modernes, auteur d'une thèse sur le théâtre contemporain, consacre une bonne part de sa carrière littéraire. Plusieurs de ses pièces, dont *Combats de possédés* (1999) et *Pluie de cendres* (2001), ont été jouées en Europe.

Son œuvre romanesque, puisant aussi bien aux sources de l'actualité (*Eldorado*, 2006 ; *Ouragan*, 2010) qu'à celles de la mythologie antique (*La Mort du roi Tsongor*, 2002 ; *La Porte des enfers*, 2008), tire sa singularité d'un univers très symbolique et d'une inspiration dramatique.

LE SOLEIL DES SCORTA

LE DESTIN D'UNE FAMILLE MARQUÉE PAR L'OPPROBRE

- **Genre :** roman
- **Édition de référence :** *Le Soleil des Scorta*, Arles, Actes Sud, 2004, 280 p.
- **1re édition :** 2004
- **Thématiques :** destin, faute originelle, banditisme, famille, travail, misère, soleil, chaleur, mémoire

Le Soleil des Scorta, publié en 2004, raconte le destin malheureux de la lignée Scorta, issue d'un brigand. Le roman retrace la vie de cette famille dans le petit village de Montepuccio, au Sud de l'Italie, dans la région des Pouilles, de 1870 à nos jours. C'est une famille marquée par l'opprobre et la faute originelle, puisque issue d'un viol, mais qui, peu à peu, sur quatre générations, parvient à subsister, à planter ses racines dans un sol fruste, à saisir sa chance, à transmettre ses valeurs et à s'accorder aux beautés de sa terre natale.

UNE LIGNÉE MAUDITE

Après dix-sept ans d'incarcération, le bandit Luciano Mascalzone quitte la prison. Il se dirige vers le minuscule village de Montepuccio, sous l'implacable soleil des Pouilles. Au risque d'y perdre la vie, il vient assouvir son désir et sa vengeance : il entend bien, de gré ou de force, faire sienne une femme qu'il convoitait lorsqu'il était plus jeune, Filomena Biscotti, sans savoir qu'elle est décédée quelque temps plus tôt. Il entre dans la demeure de cette dernière à l'heure la plus chaude du jour, quand les rues du village sont désertes. Après avoir accompli ce dont il a rêvé durant des années, il ressort de la maison Biscotti et, fier, traverse le village sous les yeux incrédules des villageois. Peu à peu, ceux-ci le reconnaissent et forment un cortège à sa suite. Les insultes commencent alors à pleuvoir. À la sortie du village, les hommes l'assaillent en lui lançant des pierres. L'intervention du curé pour le sauver lui permet de survivre quelques instants et d'apprendre avec rage que la femme dont il a abusé n'était pas Filomena mais sa sœur, Immacolata, restée vieille fille. De ce viol nait la lignée des Scorta, une famille maudite, puisqu'Immacolata donne naissance à Rocco, le fils de Luciano.

À la mort de la mère, l'enfant est protégé par le curé Don Giorgio de la barbarie des villageois qui souhaitent l'élimi-ner. Adulte, il suit le même chemin que son père et devient un bandit redouté par tout Montepuccio. Il épouse une femme surnommée la Muette, avec qui il a trois enfants :

Domenico, Giuseppe et Carmela. Ceux-ci sont méprisés et évités par tous les villageois, sauf par Raffaele, leur seul ami. Par conséquent, Don Giorgio incite les trois enfants à partir et les fait embarquer sur un paquebot en direction de New York.

LE RESPECT DU PACTE

Quelques années plus tard, après une apparition publique remarquée, Rocco se présente à Don Giorgio à qui il confesse sa vie tissée de crimes. Il fait don de sa fortune à l'Église et, par là même, condamne ses enfants à la misère. Il signe avec le prêtre un pacte : en échange de son don, l'Église devra offrir à tous ses descendants des enterrements fastueux. Au petit matin, Rocco s'éteint et Don Giorgio, honorant le pacte sous les yeux étonnés des villageois, l'enterre comme il se doit. Quelques semaines plus tard, Don Giorgio décède et est remplacé par un nouveau curé, Bozzoni, qui, lors du décès de la Muette, ne respecte pas le pacte. Elle est donc inhumée dans la fosse commune.

Un an après cet évènement, les trois enfants de Rocco reviennent au village et sont accueillis par Raffaele qui leur révèle qu'en leur absence, leur mère est morte et que le pacte n'a pas été respecté. Indignés, les enfants se rendent chez le nouveau curé qui refuse d'entendre leurs réclamations. Avec l'aide de Raffaele, ils déterrent leur mère de nuit pour lui donner une sépulture digne : ils l'enterrent hors de l'enceinte du cimetière. Le geste des enfants révolte le curé, mais reçoit le soutien des villageois. Ceux-ci, superstitieux, craignent une vengeance *post mortem* de Rocco si sa femme ne bénéficie pas du faste qui doit lui être réservé. Devant le refus du prêtre, les villageois désertent l'église et se plongent dans des pratiques païennes ancestrales. Quelques mois après, le curé est retrouvé dans les collines, nu, le corps calciné par le soleil. On apprend plus tard que le coupable est Raffaele. Un nouveau prêtre est alors désigné qui tente de faire revenir les villageois à l'église.

UNE VIE DE SUEUR

Sous l'impulsion de Carmela, les Scorta décident d'investir l'argent gagné sur le bateau qui les a ramenés de New York en achetant un local pour ouvrir le premier bureau de tabac de Montepuccio. Commence alors pour eux une vie de sueur, mais ils s'offrent en même temps la chance d'échapper à la misère à laquelle leur père les avait condamnés. Lorsque Carmela rembourse le dernier créancier, le bureau de tabac appartient enfin en propre aux Scorta.

Raffaele, de son côté, a restauré un *trabucco*, une plateforme de pêche faite de planches de bois, et invite toute la famille, frères, sœurs, conjoints, neveux et nièces, au premier et seul banquet du clan Scorta. Tous partagent le bonheur d'être ensemble et de pouvoir jouir de la vie. Malheureusement, le malheur s'abat à nouveau sur la famille lorsqu'Antonio Manuzio, l'époux rêveur de Carmela, décide de partir se battre en Espagne où il meurt. Carmela, veuve, reprend le tabac pour faire vivre ses deux enfants, Elia et Donato.

En aout 1946, la veille de la fête patronale de San'Elia, des médailles en argent sont dérobées à l'église du village. Le voleur n'est autre qu'Elia, le fils de Carmela. Giuseppe les rapporte aux religieux, et la fête a lieu le lendemain. Cependant, les villageois souhaitent se venger d'Elia, que Domenico a caché. Pour le protéger, il envoie son neveu dans le village de San Giacomo. Giuseppe, de son côté, enseigne à Donato l'art de la contrebande. Un an après le vol, Domenico propose à Elia de choisir entre revenir au village ou partir à l'aventure pour être le premier Scorta à quitter la région. Elia choisit de rester. Devenus vieux, Domenico et Giuseppe meurent.

LA MÉMOIRE DES SCORTA

Elia reprend alors le tabac, où il s'ennuie. Il tombe amoureux de la fille d'un riche propriétaire, mais leur différence de statut social les oppose et, de plus, Maria, très fière, se refuse à lui. De nuit, Elia se rend chez une vieille Calabraise, avec qui il danse la tarentelle, une danse millénaire du Sud de l'Italie, qui doit le délivrer de sa passion destructrice. Grisé par l'alcool et la danse, il met le feu au tabac des Scorta. Alors que le jeune homme contemple le spectacle, désespéré, Maria se présente à lui et accepte de l'épouser. Marié, le couple continue à vendre du tabac dans le local en ruines et Elia retrouve gout au labeur.

Avant de mourir, Raffaele révèle à Donato qu'il est le meurtrier de l'ancien curé et qu'il était amoureux de Carmela. Donato, de caractère taciturne, se réfugie dans son occupation de contrebandier solitaire et devient par la suite passeur, chargé du transport des clandestins étrangers vers les côtes italiennes. Il mourra en mer dans sa barque, tandis que Carmela perd la mémoire. Durant l'été 1980,

Montepuccio est secoué par un tremblement de terre. Au même moment, Carmela prend la route du cimetière où elle est engloutie.

Anna, la fille d'Elia, est la première Scorta à quitter le village pour faire des études de médecine à Bologne. Don Salvatore, à qui Carmela a confié les secrets de famille, les révèle à Anna pour que vive en elle la mémoire des Scorta. Le roman se clôt sur la procession de San'Elia.

ÉTUDE DES PERSONNAGES

ARBRE GÉNÉALOGIQUE DES PRINCIPAUX SCORTA

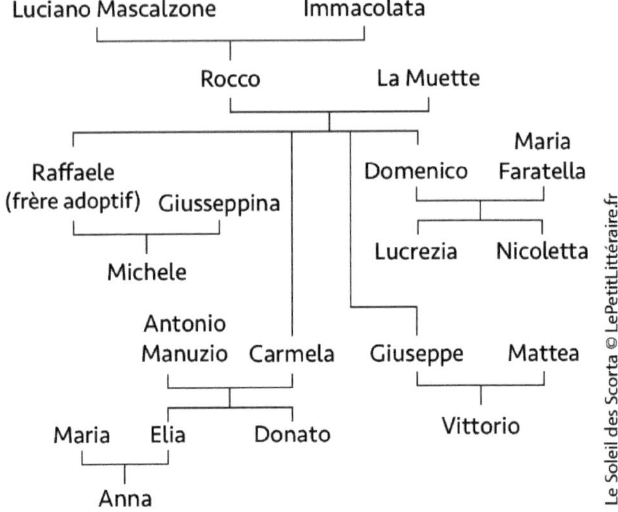

ROCCO SCORTA-MASCALZONE

Rocco est né du viol d'Immacolata par Luciano Mascalzone, un « accouplement contre nature » (p. 38) qui semble déterminer son destin dès sa naissance. Élevé par un couple de pêcheurs à San Giocondo, Rocco reçoit comme patronyme un mélange de celui de son père (Mascalzone) et de celui des pêcheurs (Scorta). Il est le premier Scorta, l'ancêtre qui fonde la lignée en bâtissant sa fortune par le crime et les vols. On le décrit comme « le diable » (p. 46) en personne. Lui-même dit de lui qu'il est « une épidémie, [...]. Un nuage de sauterelles. Un tremblement de terre, une maladie infectieuse » (p. 45). Il se décrit comme « fou », « enragé » et n'hésite pas à se comparer à la malaria et à la famine (*ibid.*). Pourtant, à la fin de sa vie, il est devenu un mythe et suscite même l'admiration des villageois : il confesse tous ses péchés et fait don de sa fortune à l'Église, condamnant en même temps ses descendants à la misère.

CARMELA

La voix de Carmela se fait entendre entre les différents chapitres du livre où le narrateur laisse place à ses confidences au vieux curé Don Salvatore. Elle est la fille de Rocco. Parce que son père, dans un rare moment de tendresse, a autrefois passé sa main dans ses cheveux, elle s'est sentie investie du devoir d'être une Scorta. À cause de sa santé fragile, à son arrivée à New York, elle est condamnée à être renvoyée en Europe. Ses frères choisissant de repartir avec elle, elle porte en elle la culpabilité de l'échec. Elle se promet alors de ne vivre que pour sa famille. Son intelligence vive et son sens du commerce leur permet de bâtir, année après année, un commerce de tabac à Montepuccio.

GIUSEPPE ET DOMENICO

Les deux frères de Carmela, Domenico et Giuseppe, se consacrent entièrement au tabac et à leur famille. Par leur travail acharné, ils s'arrachent à la misère et conquièrent de la respectabilité à Montepuccio. Giuseppe se fait aussi contrebandier et initiera son neveu Donato à cet art. Quant à Domenico, il devient également propriétaire de champs d'oliviers. Tous deux se consacrent à leur travail et à leur famille, faisant vivre par là les valeurs chères à la lignée des Scorta.

RAFFAELE

Raffaele, le fils d'une famille de pêcheurs très pauvres, est adopté par Carmela, Giuseppe et Domenico le jour de l'enterrement nocturne de la Muette. Il choisit le clan Scorta malgré la désapprobation de sa famille de sang.

C'est un vrai Scorta qui donne tout pour ses frères : il les accueille chez lui à leur retour de New York, il attaque le curé pour les défendre, etc. Il a été toute sa vie secrètement amoureux de Carmela et ne l'avoue qu'au seuil de la mort.

ELIA

Elia est le fils ainé de Carmela et d'Antonio Manuzio. Il se sent néanmoins Scorta, car il voit son père comme un étranger. Ses oncles lui transmettent leurs valeurs et leurs souvenirs, et l'un deux, Dominico, le protégera des foudres des villageois suite au vol des médailles de l'église qui l'obligera à s'exiler pendant un an.

Quelques années plus tard, il tombe amoureux de Maria qu'il finit par épouser. Ensemble, ils s'occupent du tabac et ont une unique fille nommée Anna. Elia, fidèle aux siens et attaché à la valeur de la famille, prendra soin de sa mère,

Carmela, jusqu'à son trépas.

DONATO

Donato, deuxième fils de Carmela et d'Antonio, est le frère d'Elia. Il y est très attaché au point qu'il sombrera dans une profonde tristesse quand celui-ci disparaitra suite à ses méfaits. Il devient alors silencieux, secret et solitaire. Néanmoins, son oncle Giuseppe donnera un sens à sa vie en l'initiant aux voyages clandestins qu'il mène la nuit pour acheter des cigarettes en contrefaçon. Il continuera cette pratique tout au long de sa vie et en viendra à transporter de manière illégale des émigrés albanais souhaitant rejoindre l'Italie. Sa sensibilité se manifestera dans les remords qu'il éprouve à profiter de l'argent injustement arraché à ces étrangers.

ANNA

Anna est la dernière descendante des Scorta. C'est la fille d'Elia, donc la petite-fille de Carmela. Elle est la première Scorta à quitter le village pour mener des études de médecine à Bologne. Dans le dernier chapitre, alors que le vieux Salvatore lui a rapporté les dernières paroles de sa grand-mère, elle rejoint son père, Elia, et choisit le nom des Scorta en glissant à son oreille cette phrase énigmatique : « Rien ne rassasie les Scorta. » (p. 246) Elle clôture dès lors le roman en faisant une ultime référence aux caractéristiques communes des membres de sa famille : l'assiduité au travail, le courage face à la pauvreté et aux difficultés de la vie ou encore la curiosité.

DON SALVATORE ET LES AUTRES CURÉS

Les curés de Montepuccio jouent chacun, à leur façon, un rôle dans le destin des Scorta. Ainsi, c'est Don Giorgio qui soustrait Rocco, enfant, à la mort que voulait lui donner le peuple. Don Giorgio est aussi le signataire du pacte que Rocco mourant signe avec l'Église. C'est enfin Don Salvatore, le Calabrais, qui aide Elia à reconstruire le commerce de tabac. Il est aussi le confident ultime de la vieille Carmela et celui qui recueille ses dernières paroles avant qu'elle ne devienne muette. C'est un ami de la famille, un homme comme les autres qui pose sur les Montepucciens un regard attendri.

LE PEUPLE DE MONTEPUCCIO

Le peuple de Montepuccio constitue un personnage à part entière qui évolue au fil des ans et des générations. Gaudé décrit avec réalisme les changements du village de 1870 à nos jours. Ainsi, le début du roman présente une entité à la mentalité presque insulaire, très fermée sur elle-même. À la fin du roman, dans une Italie désormais riche, le village est devenu « un sac d'argent sur un tas de cailloux », selon les dires d'Elia, et vit désormais du tourisme : il est donc ouvert sur le monde.

Cependant, la mentalité des Montepucciens reste la même. C'est un peuple quasi primaire, qui ne respecte que l'argent et qui adopte un comportement grégaire, de masse. Dans le village, tout se sait, rien n'échappe aux habitants. Le peuple participe au destin des Scorta en posant ses verdicts : c'est lui qui condamne Luciano Mascalzone à la mort ou qui contraint Rocco et Elia à se cacher et à s'exiler. Même l'Église reste impuissante face à la force populaire : le curé milanais, Bozzoni, ne peut lutter contre les villageois et sombre dans la folie. Mais notons que c'est ce même peuple qui aide Elia à reconstruire le tabac des Scorta en achetant les cigarettes chez lui et non auprès de la concurrence.

Les manifestations populaires émaillent ainsi le roman, dès la première scène, où Luciano Mascalzone est lynché par la foule.

CLÉS DE LECTURE

L'IMPORTANCE DE LA FAMILLE

La famille est ce qui unit, mais aussi ce qui définit les Scorta. Abandonnés par leur père qui meurt en les condamnant sciemment à la misère, ils n'ont plus que leur nom. C'est leur seule richesse (« Ce nom des Scorta suffisait à leur tenir chaud », p. 79) et, parce qu'il les unit, c'est aussi leur force. C'est la conscience de cette force commune qui les pousse à se surpasser : les quatre frères parviennent ainsi à bâtir quelque chose, à sortir de la misère, à faire respecter leur nom et à reprendre une place dans le village, alors qu'ils n'étaient que des parias.

Aussi Carmela, même si elle se marie, reste-t-elle ce qu'elle a toujours été, une sœur pour ses frères. Elle déclare même qu'au village personne ne la connait sous son nom d'épouse : « Personne ne sait qui est la veuve Manuzio. Ils diront : "La sœur des Scorta est morte." » (p. 162) ; « Je n'ai connu le bonheur que lorsque j'étais entourée de mes frères. De mes trois frères. Lorsque nous étions ensemble, nous pouvions manger le monde. » (*ibid.*)

Raffaele lui-même, qui les choisit comme amis malgré la désapprobation du village et l'indignation de ses propres parents, ressent la valeur d'un tel patronyme. Le jour de l'enterrement de la Muette, la mère des trois enfants, il devient Raffaele Scorta et se jure de « se monter à la hauteur de ce nouveau nom » (p. 79).

Le repas symbolique organisé par ce dernier (chapitre V) reste, dans la mémoire de Giuseppe, son plus beau souvenir, car c'est le seul jour où « la congrégation joyeuse des Scorta » (p. 158) a été réunie. Cette journée marque ainsi « l'apogée du clan » (p. 132). Or, pour les Scorta, l'appartenance au clan est plus importante que tout le reste et dépasse l'individu. Domenico dira d'ailleurs à Elia :

> « Tu n'es rien, Elia. Moi non plus. C'est la famille qui compte. Sans elle tu serais mort et le monde aurait continué de tourner sans même s'apercevoir de ta disparition. Nous naissons. Nous mourons. Et dans l'intervalle, il n'y a qu'une chose qui compte. Toi et moi pris seuls, nous ne sommes rien. Mais, les Scorta, les Scorta, ça, c'est quelque chose. [...] Le nom des Scorta passe à travers toi. » (p. 144-145)

LA TRANSMISSION DES VALEURS

L'attachement à la terre

Laurent Gaudé décrit l'attachement viscéral des Montepucciens à la terre, à cette terre aride et brulée par le soleil, mais pourtant ancrée dans le cœur de ses habitants. Domenico comprend qu'Elia, son neveu, veuille rester à Montepuccio : « Nous l'aimons trop cette terre. Elle n'offre rien, elle est plus pauvre que nous, mais lorsque le soleil la chauffe, aucun de nous ne peut la quitter. » (p. 150)

Les Scorta sont profondément liés à leur terre natale, mais aussi à la nature : les quatre frères possèdent un âne à qui ils font fumer des tiges de blé et qui fait partie intégrante de la famille ; Domenico est très attaché à ses oliviers (« Il aimait plus que tout contempler ces arbres centenaires, lorsque la chaleur tombait et que le vent de la mer faisait frémir les feuilles. ») ; Donato prend la nature pour refuge (« Il lui fallait le ciel entier, plein d'étoiles mouillées, pour épancher sa mélancolie. Il ne demandait rien. Qu'on le laisse simplement glisser au fil de l'eau en abandonnant derrière lui les tourments du monde. », p. 201). Il choisit d'ailleurs de se laisser mourir dans sa barque.

Le travail comme valeur positive

Le travail qui éreinte l'homme jeune et lui vole son existence est vu comme une manière d'accomplir sa vie et de trouver le bonheur. C'est la vision de la vie que Raffaele transmet à son neveu Elia :

> « Il faut profiter de la sueur. Car ce sont les plus beaux moments de la vie. Quand tu te bats pour quelque chose, quand tu travailles jour et nuit comme un damné et que tu n'as plus le temps de voir ta femme et tes enfants, quand tu sues pour construire ce que tu désires, tu vis les plus beaux instants de ta vie. » (p. 160-161)

Forcer le destin

Si le destin soumet la famille Scorta à bien des revers de fortune et les place constamment dans un équilibre précaire, ce n'est cependant pas une force implacable : les personnages sont capables de prendre en main leur vie et d'en changer le cours. Ainsi, lorsqu'Elia, qui est amoureux d'une jeune femme issue d'une famille riche, maudit le sort qui a fait de lui un « cul-terreux », Don Salvatore, qui a la sagesse dure du curé calabrais, renverse ses propos et lui déclare qu'il n'est pas « maudit mais coupable, coupable de n'avoir pas mené sa vie au plus haut point qu'elle peut atteindre » (p. 174). Selon lui, il faut oublier la chance, le sort et forcer le destin.

LA TRANSMISSION DE LA MÉMOIRE

La transmission des valeurs est relayée, tout au long du roman, par la transmission de la mémoire, du passé et des souvenirs qui représentent l'héritage symbolique de la famille. Cette transmission donne lieu à des moments intimes de confession que partagent certains membres de la famille et lors desquels la parole des personnages plus âgés devient la promesse que le passé des Scorta ne sera pas oublié et qu'il sera transmis de génération en génération.

Les confessions de Carmela au curé font écho à ce désir de transmission. Elle associe ce partage du passé à une nécessité : « Je dois parler, avant que tout ne soit englouti. » (p. 33) Ce besoin de transmission s'apparente donc à la peur de l'oubli, un oubli qui est associé à la disparition.

Toutefois, ce désir de perpétuer l'histoire de la famille ne va pas sans une certaine pudeur. En effet, Carmela n'ose pas raconter son histoire directement à ses fils, ce qui l'oblige à prendre un médiateur qui aura le rôle de passeur des souvenirs. Elle lui demandera d'ailleurs explicitement de transmettre sa parole à sa petite-fille Anna : « Je vous ai tout raconté. Vous lui direz Don Salvatore. Lorsque je serai morte ou lorsque je ne serai plus qu'une vieille poupée qui ne sait plus parler, vous lui direz à ma place. Anna. » (p. 245)

Par ailleurs, lors du banquet organisé par Raffaele, les uns et les autres répondent positivement au vœu qu'il énonce :

> « Promettez-moi de parler à mes enfants. De leur raconter ce que vous avez vu. Que ce que vous avez accumulé durant votre voyage à New York ne meure pas avec vous. Promettez-moi que chacun d'entre vous racontera une chose à mes enfants. Une chose qu'il a apprise. Un souvenir. Un savoir. Faisons cela entre nous. D'oncles à neveux. De tantes à nièces. Un secret que vous avez gardé pour vous et que vous ne direz à personne d'autre. » (p. 148)

Cet accord tacite qui les unit sera respecté à de nombreuses reprises, et l'on voit d'ailleurs des liens privilégiés se tisser entre certains membres de la famille. S'ils sautent parfois une génération, tous les secrets de la famille Scorta, héritage symbolique, sont transmis et ne sombrent pas dans l'oubli.

UN ROMAN RÉALISTE

L'espace et les traditions

Gaudé peint avec beaucoup de réalisme l'Italie du Sud. Il décrit avec précision les paysages brulés par le soleil et la vie du petit village pittoresque de Montepuccio : les parties de cartes à la terrasse du café, la procession religieuse en l'honneur du saint patron du village et la ferveur de la foule, la puissance de la musique et du soleil, l'importance du clergé, etc. Il décrit aussi les traditions encore vivaces de cette région des Pouilles. Dans le chapitre VII intitulé « Tarentelle », par exemple, Elia, fou d'amour, se rend chez une vieille femme sur les conseils du curé Don Salvatore, pour y danser la tarentelle. Descendante de danses païennes anciennes, la tarentelle est une mélodie en 6/8, accompagnée d'une chorégraphie entrainante et joyeuse, jouée au cours de cérémonies qui pouvaient durer des journées entières. Son but était de guérir ceux que l'on croyait être victimes d'une morsure d'une araignée légendaire, la tarentule. Dans le roman, Elia a été mordu par la beauté d'une femme et en est envouté.

L'arrière-fond historique

Rappelons que le roman s'étend de 1870 à nos jours. L'histoire des Scorta s'insère donc dans l'histoire de l'Italie, ce qui accentue encore le réalisme de l'œuvre. Ainsi, les trois enfants de Rocco, laissés sans fortune, font partie de ces Italiens qui sont allés tenter leur chance à New York, s'embarquant à bord d'un paquebot et acceptant là-bas des travaux dangereux et épuisants.

Après les années cinquante, la tendance s'inverse : l'Italie s'est enrichie et devient une terre d'émigration. Ainsi, Donatello, le fils de Carmela, d'abord trafiquant de tabac, est mêlé à l'émigration clandestine des Albanais (p. 205). Porte d'entrée de l'Union européenne, les Pouilles se sont transformées en plaque tournante pour les multiples filières de trafics qui traversent l'Adriatique (armes, cigarettes de contrebande, immigrants clandestins, etc.). On assiste aussi à la transformation d'un village qui s'enrichit grâce au tourisme de masse qui explose à partir des années quatre-vingt dans le Sud du pays : « Le village était rempli de touristes. En trois mois d'été, le village faisait le plein d'argent pour l'année... » (p. 219)

Outre les évènements historiques transformant le pays et les modes de vie des Italiens à grande échelle, Gaudé évoque des catastrophes naturelles, notamment le terrible tremblement de terre qui a secoué le Sud de l'Italie en novembre 1980. C'est lors de cette catastrophe qu'il fait disparaitre la vieille Carmela. L'auteur s'inspire donc de faits réels, non pas comme un journaliste documentaire, mais pour servir son récit.

L'expérience sensititve

Ce qui relaie le réalisme spatiotemporel de ce roman, c'est l'expérience sensitive vécue par les personnages à travers leurs cinq sens. En effet, les descriptions que l'auteur nous propose sont axées autour des émotions sensitives que vivent les personnages. Souvent, les cinq sens y sont d'ailleurs intimement liés. L'une des confessions de Carmela commence de la sorte : « Le vent souffle. Il couche les herbes sèches et fait siffler les pierres. Un vent chaud qui charrie les bruits du village et les odeurs marines » (p. 31). En quelques phrases, le toucher, la vue, l'odorat et l'ouïe sont sollicités.

Cet aspect du roman le rend d'autant plus réaliste et amène le lecteur à se plonger dans le décor dépeint par Laurent Gaudé à travers l'expérience sensitive des personnages.

Notons que les sons ont un rôle particulier dans le roman puisqu'ils contrastent les nombreux passages marqués par le silence. Plusieurs personnages sont ou deviennent d'ailleurs muets. Les rires, conversations et bruits de banquets ne s'en font qu'entendre davantage.

LA THÉMATIQUE DU SOLEIL

Le soleil – déjà mentionné dans le titre – est omniprésent tout au long du roman. De la première à la dernière phrase du livre, il provoque une ambiance lourde et accablante : « La chaleur du soleil semblait fendre la terre » ; « Les hommes, comme les olives, sous le soleil de Montepuccio, étaient éternels. » Il cause ainsi la souffrance du peuple, marqué physiquement (« Nous sommes de pauvres bougres à la face ravinée par le soleil », p. 158), ainsi que celle de la terre, victime de sècheresse (« La pierre gémissait de chaleur » ; « La terre était condamnée à brûler », p. 11).

La puissance du soleil – qui est par ailleurs le seul élément à ne pas changer malgré le temps qui passe – est telle que l'astre est intimement lié au destin des personnages : « Une famille devait naître de ce jour de soleil brûlant, parce que le destin avait envie de jouer avec les hommes. » (p. 29) Quand Elia décide de rester au village, son oncle Domenico déclare :

> « Nous sommes nés du soleil, Elia. Sa chaleur, nous l'avons en nous. D'aussi loin que nos corps se souviennent, il était là, réchauffant nos peaux de nourrissons. Et nous ne cessons de le manger, de le croquer à pleines dents. Il est là dans les fruits que nous mangeons. [...] Il est en nous. Nous sommes les mangeurs de soleil. » (p. 150-151)

Si l'astre introduit une atmosphère lourde, on voit qu'il est aussi l'élément qui maintient en vie, l'élément maternel qui nourrit et qui réchauffe. On notera d'ailleurs l'importance du soleil dans la scène du banquet, un des rares moments de bonheur vécu par les personnages.

Enfin, lorsque Donato meurt au large dans une barque, le soleil est toujours présent et on assiste même à une sorte de fusion entre le personnage et celui-ci, véritable personnage agissant :

> « Le soleil me montre le chemin. Je n'ai qu'à suivre sa chaleur et soutenir son regard. [...] Il m'a reconnu. Je suis un de ses fils. Il m'attend. Nous plongerons ensemble dans les eaux. [...] Je suis le soleil... Jusqu'au bout de la mer. » (p. 213)

Le soleil est donc, enfin, l'élément qui guide et qui rassure, même devant la mort.

L'ATTITUDE DEVANT LA MORT

La plupart des personnages ont une attitude surprenante devant la mort. Les émotions telles que la peur ou la tristesse, connotant généralement cette étape de la vie, laissent place à une lucidité et à un pragmatisme implacable. C'est ainsi que plusieurs personnages, sachant leur heure venir, accueillent leur mort sans difficulté et l'organisent même. C'est le cas, par exemple, de Rocco qui déclare au curé Don Giorgio, avec calme et certitude :

> « Mon père, reprit Rocco avec détermination, lorsque nous aurons parlé, vous et moi, je rentrerai chez moi, je m'allongerai et je mourrai. Croyez-moi. Je dis ce qui sera. Ne me demandez pas pourquoi. C'est ainsi. Mon heure est arrivée. Je le sais. » (p. 52)

Le prêtre est d'ailleurs « ébahi par la volonté et le calme qui émanaient de son interlocuteur » (p. 52).

Giussepe, son fils, aura cette même attitude. Après une vilaine chute, il sent sa mort venir et, avec lucidité, dit à l'ambulancier qui le mène à l'hôpital :

> « Dans une demi-heure, je serai mort. Vous le savez. Une demi-heure. Je ne tiendrai pas plus. Nous n'aurons pas le temps d'arriver à l'hôpital. Alors faites marche arrière et roulez à toute vitesse. Vous avez encore le temps de me rendre à mon village. C'est là-bas que je veux mourir. » (p. 182)

Lui aussi organise les circonstances de sa mort. Certain qu'il ne lui reste plus que quelques instants, il dicte ses dernières volontés avec un pragmatisme surprenant.

La mort est d'ailleurs associée, à plusieurs reprises, au rire, à l'ironie plutôt qu'à la tristesse. Rocco dira donc aux siens, sur son lit de mort : « Réjouissez-vous. Je meurs. » (p. 65)

PISTES DE RÉFLEXION

QUELQUES QUESTIONS POUR APPROFONDIR SA RÉFLEXION...

- Plusieurs symboles parcourent le récit. Quels sont-ils ? En quoi contribuent-ils à la force du roman ?
- Le roman vous parait-il entièrement réaliste ? Penchez-vous notamment sur le discours de Carmela.
- Gaudé évoque, en toile de fond, l'histoire de l'Italie du Sud. Retrouvez dans son livre les éléments qui correspondent à des réalités historiques.
- Comment caractériseriez-vous le style de Laurent Gaudé ?
- De quelle manière le village est-il décrit ? Pour répondre, relevez les champs lexicaux, les expressions imagées utilisées par l'auteur, etc.
- Quel est le but des confessions de Carmela à la fin de chaque chapitre ? Qu'apportent-elles au récit ?
- Le thème de la folie est inscrit en filigrane tout au long de l'œuvre. Expliquez.
- « Les hommes, comme les olives, sous le soleil de Montepuccio, étaient éternels. » Commentez cette citation extraite de l'œuvre.
- Peut-on dire que l'histoire des Scorta se répète de génération en génération ? Quels parallèles peut-on établir entre Rocco et Elia ?
- Quel est le point de vue de Gaudé sur le destin ? Et vous, quelle est votre opinion ?

Votre avis nous intéresse !
Laissez un commentaire sur le site de votre librairie en ligne
et partagez vos coups de cœur sur les réseaux sociaux !

POUR ALLER PLUS LOIN

ÉDITION DE RÉFÉRENCE

- GAUDÉ L., *Le Soleil des Scorta*, Arles, Actes Sud, 2004.

SUR LEPETITLITTÉRAIRE.FR

- Fiche de lecture sur *Eldorado* de Laurent Gaudé.
- Fiche de lecture sur *La Mort du roi Tsongor* de Laurent Gaudé.

www.lepetitlitteraire.fr/

ISBN version numérique : 978-2-8062-8778-6
ISBN version papier : 978-2-8062-8779-3
Dépôt légal : D/2016/12603/666

Avec la collaboration d'Alice Rasson pour l'analyse des personnages Elia et Donato, ainsi que pour les chapitres « La transmission de la mémoire », « L'expérience sensitive » et « L'attitude devant la mort ».

Conception numérique : Primento,
le partenaire numérique des éditeurs.

Ce titre a été réalisé avec le soutien de la Fédération Wallonie-Bruxelles, Service général des Lettres et du Livre.

Retrouvez notre offre complète sur lePetitLittéraire.fr

- des fiches de lectures
- des commentaires littéraires
- des questionnaires de lecture
- des résumés

ANOUILH
- Antigone

AUSTEN
- Orgueil et
  Préjugés

BALZAC
- Eugénie Grandet
- Le Père Goriot
- Illusions perdues

BARJAVEL
- La Nuit des
  temps

BEAUMARCHAIS
- Le Mariage
  de Figaro

BECKETT
- En attendant
  Godot

BRETON
- Nadja

CAMUS
- La Peste
- Les Justes
- L'Étranger

CARRÈRE
- Limonov

CÉLINE
- Voyage au bout
  de la nuit

CERVANTÈS
- Don Quichotte
  de la Manche

CHATEAUBRIAND
- Mémoires
  d'outre-tombe

**CHODERLOS
DE LACLOS**
- Les Liaisons
  dangereuses

CHRÉTIEN DE TROYES
- Yvain ou le
  Chevalier au lion

CHRISTIE
- Dix Petits Nègres

CLAUDEL
- La Petite Fille de
  Monsieur Linh
- Le Rapport
  de Brodeck

COELHO
- L'Alchimiste

CONAN DOYLE
- Le Chien des
  Baskerville

DAI SIJIE
- Balzac et la
  Petite
  Tailleuse chinoise

DE GAULLE
- Mémoires
  de guerre
  III. Le Salut.
  1944-1946

DE VIGAN
- No et moi

DICKER
- La Vérité sur
  l'affaire Harry
  Quebert

DIDEROT
- Supplément
  au Voyage de
  Bougainville

DUMAS
• Les Trois
  Mousquetaires

ÉNARD
• Parlez-leur
  de batailles,
  de rois et
  d'éléphants

FERRARI
• Le Sermon sur la
  chute de Rome

FLAUBERT
• Madame Bovary

FRANK
• Journal
  d'Anne Frank

FRED VARGAS
• Pars vite et
  reviens tard

GARY
• La Vie devant soi

GAUDÉ
• La Mort du
  roi Tsongor
• Le Soleil des
  Scorta

GAUTIER
• La Morte
  amoureuse
• Le Capitaine
  Fracasse

GAVALDA
• 35 kilos d'espoir

GIDE
• Les
  Faux-Monnayeurs

GIONO
• Le Grand
  Troupeau
• Le Hussard
  sur le toit

GIRAUDOUX
• La guerre de
  Troie
  n'aura pas lieu

GOLDING
• Sa Majesté des
  Mouches

GRIMBERT
• Un secret

HEMINGWAY
• Le Vieil Homme
  et la Mer

HESSEL
• Indignez-vous !

HOMÈRE
• L'Odyssée

HUGO
• Le Dernier Jour
  d'un condamné
• Les Misérables
• Notre-Dame
  de Paris

HUXLEY
• Le Meilleur
  des mondes

IONESCO
• Rhinocéros
• La Cantatrice
  chauve

JARY
• Ubu roi

JENNI
• L'Art français
  de la guerre

JOFFO
• Un sac de billes

KAFKA
• La Métamorphose

KEROUAC
• Sur la route

KESSEL
• Le Lion

LARSSON
• Millenium I. Les
  hommes qui
  n'aimaient pas
  les femmes

LE CLÉZIO
• Mondo

LEVI
• Si c'est un
  homme

LEVY
• Et si c'était vrai…

MAALOUF
• Léon l'Africain

MALRAUX
• La Condition
  humaine

MARIVAUX
• La Double
  Inconstance
• Le Jeu de l'amour
  et du hasard

MARTINEZ
• Du domaine
  des murmures

MAUPASSANT
• Boule de suif
• Le Horla
• Une vie

MAURIAC
• Le Nœud
  de vipères

MAURIAC
• Le Sagouin

MÉRIMÉE
• Tamango
• Colomba

MERLE
• La mort est
  mon métier

MOLIÈRE
• Le Misanthrope
• L'Avare
• Le Bourgeois
  gentilhomme

MONTAIGNE
• Essais

MORPURGO
• Le Roi Arthur

MUSSET
• Lorenzaccio

MUSSO
• Que serais-je
  sans toi ?

NOTHOMB
• Stupeur et
  Tremblements

ORWELL
• La Ferme
  des animaux
• 1984

PAGNOL
• La Gloire de
  mon père

PANCOL
• Les Yeux jaunes
  des crocodiles

PASCAL
• Pensées

PENNAC
• Au bonheur
  des ogres

POE
• La Chute de la
  maison Usher

PROUST
• Du côté de
  chez Swann

QUENEAU
• Zazie dans
  le métro

QUIGNARD
• Tous les matins
  du monde

RABELAIS
• Gargantua

RACINE
• Andromaque
• Britannicus
• Phèdre

ROUSSEAU
• Confessions

ROSTAND
• Cyrano de
  Bergerac

ROWLING
• Harry Potter à
  l'école des sor-
  ciers

SAINT-EXUPÉRY
• Le Petit Prince
• Vol de nuit

SARTRE
• Huis clos
• La Nausée
• Les Mouches

SCHLINK
• Le Liseur

SCHMITT
- La Part de l'autre
- Oscar et la
  Dame rose

SEPULVEDA
- Le Vieux qui
  lisait des romans
  d'amour

SHAKESPEARE
- Roméo et Juliette

SIMENON
- Le Chien jaune

STEEMAN
- L'Assassin
  habite au 21

STEINBECK
- Des souris et
  des hommes

STENDHAL
- Le Rouge et
  le Noir

STEVENSON
- L'Île au trésor

SÜSKIND
- Le Parfum

TOLSTOÏ
- Anna Karénine

TOURNIER
- Vendredi ou
  la Vie sauvage

TOUSSAINT
- Fuir

UHLMAN
- L'Ami retrouvé

VERNE
- Le Tour
  du monde
  en 80 jours
- Vingt mille
  lieues sous
  les mers
- Voyage au
  centre de
  la terre

VIAN
- L'Écume des jours

VOLTAIRE
- Candide

WELLS
- La Guerre des
  mondes

YOURCENAR
- Mémoires
  d'Hadrien

ZOLA
- Au bonheur
  des dames
- L'Assommoir
- Germinal

ZWEIG
- Le Joueur
  d'échecs